CASTELO *de* CARTAS

Editora Appris Ltda.
1.ª Edição - Copyright© 2023 dos autores
Direitos de Edição Reservados à Editora Appris Ltda.

Nenhuma parte desta obra poderá ser utilizada indevidamente, sem estar de acordo com a Lei nº 9.610/98. Se incorreções forem encontradas, serão de exclusiva responsabilidade de seus organizadores. Foi realizado o Depósito Legal na Fundação Biblioteca Nacional, de acordo com as Leis nos 10.994, de 14/12/2004, e 12.192, de 14/01/2010.

Catalogação na Fonte
Elaborado por: Josefina A. S. Guedes
Bibliotecária CRB 9/870

F951c 2023	Fuchs, Klaus Castelo de cartas / Klaus Fuchs. – 1 ed. – Curitiba : Appris, 2023. 97 p. ; 21 cm. ISBN 978-65-250-5361-5 1. Ficção brasileira. 2. Solidão. 3.Tristeza. 4. Angústia. I. Título. CDD – B869.3

Livro de acordo com a normalização técnica da ABNT

Appris editora

Editora e Livraria Appris Ltda.
Av. Manoel Ribas, 2265 – Mercês
Curitiba/PR – CEP: 80810-002
Tel. (41) 3156 - 4731
www.editoraappris.com.br

Printed in Brazil
Impresso no Brasil

Klaus Fuchs

CASTELO *de* CARTAS

Appris
editora

FICHA TÉCNICA

EDITORIAL	Augusto V. de A. Coelho
	Sara C. de Andrade Coelho
COMITÊ EDITORIAL	Marli Caetano
	Andréa Barbosa Gouveia - UFPR
	Edmeire C. Pereira - UFPR
	Iraneide da Silva - UFC
	Jacques de Lima Ferreira - UP
SUPERVISOR DA PRODUÇÃO	Renata Cristina Lopes Miccelli
ASSESSORIA E PRODUÇÃO EDITORIAL	Bruna Holmen
REVISÃO	Katine Walmrath
DIAGRAMAÇÃO	Bruno Ferreira Nascimento
CAPA	Eneo Lage

SUMÁRIO

INTRODUÇÃO 7

PRA VOCÊ 8

DOR 9

REALIDADE 10

APOSTAS 14

ATÉ ONDE 15

FUTURO 17

ATENÇÃO 18

HISTÓRIA DE NÓS DOIS 21

NÃO SEI 23

POUCO A POUCO 25

SEGREDOS E MENTIRAS 26

SEM ALENTO 28

OLHOS ESCUROS 29

UM IDIOTA 30

ÚNICA 31

VELHO EU 32

MEDO 33

INSEGURANÇAS 34

CASTELO DE CARTAS 36

DORES 37

INDECISÃO 38

DECISÃO 39

SOZINHO 40

CANSAÇO 41

PERDIDO 43

DAS MENTIRAS 45

ROTINA 47

CAMINHOS 48	TEMPO 74
JÁ FOI 49	RESPOSTAS 75
TODA ESSA GENTE 51	AVALANCHES 76
DEVANEIOS 52	SONHOS 77
SIMPLES 54	PORÉM 78
PECULIAR 55	FALTA DE MIM 79
FLAGELO 56	DOS AMORES PERDIDOS 81
ESPELHO 57	ME DISSE NÃO 82
AO NICHOLAS 58	RECLAMEI 84
CONSELHOS 59	DEMÊNCIA 85
PONTES QUEIMADAS 61	EU TE CONHEÇO 86
DIFICULDADES 63	SEM DIVIDIR 88
LEMBRANÇAS DE UM SONHO . .64	ANSIEDADE 90
DO MAR QUE É DOR 66	MUDANÇAS 91
MARASMO 68	SONHOS 92
TRISTEZA 69	VELHICE 93
DESISTI 70	O FRUTO 95
ANGÚSTIA 71	DESPEDIDA 96
REALIDADES 72	

INTRODUÇÃO

Um apanhado de escritos de épocas e momentos diferentes, que mostram que mudei, mas nem tanto. Lendo tudo novamente, me parece que os problemas se repetem, os sentimentos vêm e vão.

Dos motivos para a desilusão, da auto-observação, da angústia, dos medos e tanto mais.

Mesmo em um espaço de quase vinte anos, as mudanças que vieram não trouxeram clareza e calma.

A tristeza que vez ou outra me tortura, os pensamentos que atormentam e fazem com que eu duvide de que o futuro me reserva algo bom. As desilusões pela incompreensão dos outros em relação a mim ou das expectativas que crio sem serem correspondidas.

Toda a complexidade que tento colocar de maneira simples, direta e objetiva. Tentando colocar lógica no caos que me flagela.

Da solidão que acabo criando por medo do abandono, me fechando para não sair, fico por um tempo e, na busca por um caminho que me traga de volta, eu escrevo. Sem técnica ou qualidade, de forma crua, eu sei, tento organizar meus pensamentos. Tento fazer com que tudo flua com ritmo, como se estivesse tentando fazer música. De alguns escritos até tentei, mas assim como tudo que faço, a simplicidade nunca me levou longe.

O que vem a seguir não tem ordem cronológica ou associação temática, assim como o turbilhão de sentimentos em que me encontro, os textos se misturam, sem combinar.

Não sei se isso algum dia vai sair só de mim, se o que aqui escrevi vai ser lido por mais alguém além de mim. Não sei se serviria para outros, se aqui encontrariam alguma resposta ou concordância. Enquanto escrevo isso me encontro sem respostas para muito mais além do que gostaria.

Só o sentir nunca foi suficiente, eu tenho que entender.

PRA VOCÊ

Ah, se toda flor fosse só minha
Então, eu te daria esse meu jardim

Ah, se todo sonho fosse meu
Você seria o sonho que eu escolheria

Ah, se esse céu fosse só meu
As nuvens te daria e para mim só restaria
Esse vazio que fica quando você se vai.

DOR

Só a dor acaba com a dor.

O amor é o ácido que morde as bordas de corações fracos até que eles não aguentem mais amar.

A confiança é um pêndulo que quando quebra deixa cair um mar de incertezas que amargam o futuro.

Só uma dor mais forte acaba com a anterior.

Só a morte para nunca mais sentir dor.

A morte é tão simples que sua escolha é possível a qualquer segundo.

O único porém é que desse caminho não se tem volta.

Só mais dor para mudar o tom da própria tristeza.

Não há como fugir para sempre.

Chega a hora em que somos enfrentados não por eles, mas por nós mesmos.

Sonhos que nos perseguem sem terem sido realizados.

O passado e nossas escolhas.

Recordações do que foi e das suas infinitas possibilidades que nunca serão realizadas.

Se existe felicidade é apenas entre o sofrer.

No fim, só existe mais dor, seja em si ou além.

REALIDADE

Às vezes a realidade é idealizada de tal forma que só pode ser sustentada por plumas tão leves e falsas quanto a própria realidade que sustentam, uma fantasia tão frágil quanto a mais fina peça de cristal, tão pura quanto a mais nova nascente, porém, assim como tudo que é puro e frágil, a realidade é manipulada pelas mãos sujas e tendenciosas dos homens.

E quando esses dedos imundos tocam a nossa realidade vemos que na verdade ela não é real, que tudo aquilo com que sonhamos e desejamos ser verdade não passa do que realmente são, sonhos e desejos. E nos perguntamos por que não nos deixaram com aquela realidade, se antes de nos acordarem para esse mundo, que foi o motivo de tal fuga, tudo era perfeito, eram apenas sonhos e desejos, e mesmo que nunca fossem realizados ao menos faziam parte da nossa vida.

E se fôssemos viver sem poder sonhar, tudo seria tão descaradamente real que se tornaria insuportável.

Sonhos são traduzidos em objetivos que levam a vida a um patamar de idealizações e não apenas de rotinas que com o passar do tempo se tornam sem nexo ou fundamento, mas suficientes para ocupar a vida de seres apenas reais, seres que vivem em uma realidade comum e não mais realidades construídas individualmente.

Seres que se contentam apenas em possuir o que os outros já têm, que não sabem obter o que desejam de outra forma que não seja lutando, que pouco se importam com quem esteja em seu caminho e que vivem apenas por viver levando a vida como se fosse apenas um passatempo sem futuro.

Os poucos sonhadores que ainda existem e que constroem seus mundos da forma que desejam, que fazem de tudo para que esse mundo exista e que vivem de forma que ele se torne cada vez mais real para quem esteja em sua volta, esses são chamados de loucos.

Mas os que chamam eles de loucos na verdade têm inveja. Cobiça de não poder sonhar tão livremente como eles, inveja de não poder dizer o que realmente sentem. Vivenciam o medo de um dia serem confundidos com os mesmos loucos que eles ajudaram a trancafiar em hospícios.

O que seria do amor sem a construção de realidades paralelas. Quem nunca idealizou um amor de tal forma que nada poderia ser comparado com a perfeição que esse amor passou a ser. Mesmo que essa perfeição sempre seja falha, não há como amar alguém sem sonhar, até porque o próprio amor não passa de idealizações e desejos ainda não realizados. Se fôssemos acostumados a sonhar e se nos deixassem livres para sonhar sem medo, assim talvez o amor pudesse ser eterno, mas como não é assim posso dizer com certeza que não existe e não existirá final feliz.

Não existirá a menos que passemos a ver o mundo de outra forma, que passemos a ver o mundo de várias formas, que para cada pessoa o mundo tenha sua própria forma.

Para que afinal estou aqui se não para poder expressar livremente o que sinto? Por que as pessoas fazem com que as outras tenham medo de tentar se essa é a natureza do homem?

Toda a evolução se baseia na tentativa, mas por que então as pessoas ficam retraídas em suas prisões emocionais e, quando tentam ultrapassar os muros que as cercam, dedos longos obstruem suas passagens e as empurram novamente para trás das grades recobertas de vergonha?

Mas o pior despertar de um sonho é feito por quem amamos, aquele ser perfeito em quem baseamos a nossa mais nova realidade, realidade essa onde ela está sentada no trono mais alto como uma rainha deve estar em seu reino, coberta de uma infinidade das mais belas flores, com roupas brancas esvoaçantes no vento que bate em seus cabelos soltos fazendo com que eles se movam como as ondas em uma praia calma, os olhos que olham para você o tempo todo com um misto de carinho e desejo, o que torna o amor que você sente por ela justificável.

Mas você pode descobrir que aqueles olhos com que você sonha não são os mesmos olhos que olham para você no momento em que você decide revelar o que sente a ela. Que as palavras que vão sair daquela boca que você sonhou beijar não serão de amor, mas sim de desprezo. Mas o que fazer então? O mais sensato pode ser não revelar seus sonhos e deixá-los reservados até que seu coração não aguente mais conservá-los encarcerados.

Eu sei que posso ser confundido com um louco e até espero por isso, pois só assim saberei que as pessoas estão realmente ouvindo o que eu quero dizer.

Quando todos passarem a olhar para mim de um modo estranho e sussurrarem entre eles quando eu passar, eu estarei feliz, pois então eu vou saber que eles também sabem. O que não quero é que baixem os olhares ou sintam pena de mim, não quero sentimentos que me tornem inferior, não quero passar a ser desprezado apenas porque sou um sonhador.

Se digo saber que posso voar, só peço que me deixem tentar. Não quero ficar ou suspender a minha liberdade por causa disso, não quero que as pessoas me digam que estou louco só porque quero tentar ou ter que lutar para que me deixem sonhar. Até porque, se eu conseguir, eu irei voltar, porque eu não tenho para onde ir, só o que peço é que me deixem tentar.

APOSTAS

Quantos jogos mais ainda tenho que perder

pra chegar a minha hora de ganhar?

Quantas vezes mais ainda tenho que perder

pra conseguir me recuperar?

Nas apostas que fiz, me perdi.

De tudo que dei, nada ganhei.

Sigo como um grande perdedor

Que ainda insiste em apostar

Acreditando que a sorte vai mudar o amor.

ATÉ ONDE

Até onde dura?
Até quando vai?
Se já não parece mais
Tão grande quanto era

Será que tanto faz
Ou seria melhor deixar?
Será que já se fez
Ou se começa sempre um novo?

De fato tudo muda
Mas até onde?
Até quando?
Pra que mudar?

Se antes já estava bom
Deixa tudo como era
Volta um pouco para trás
Deixa o mundo evoluir

Mas fica aqui neste lugar
Que de tanto tempo estar
Já ficou macio e quente
É mais fácil, é tão bom

Aqui já se conhece
Não tem espinhos, não
Fica aqui comigo
Que eu prometo um mundo
Mas só esse, que já passou.

FUTURO

Desse tempo todo que eu vi passar
A vida me fez mais sofrer que amar.
Mesmo assim continuei
Decepcionado comigo mesmo
Sem motivo pra seguir
Vivendo pelas migalhas de amor
Correndo pelas bordas do desgosto
Azedo é o futuro que me espera.

Não tão leve é a dor que me acompanha
Apoia-se em meus ombros
E por onde vou levo ela junto
Não importa seu peso
Minhas costas curvadas aguentam.

Do gosto amargo do choro que já não cai mais
A vida me ensina que sem dor eu não vivo
Assim que me deixa, logo volta
Me acompanha essa dor sem fim.

ATENÇÃO

Tenho tentado encontrar em mim algumas respostas para o que eu sinto, nos últimos dias vaguei por memórias e sentimentos tentando achar o que falta ou o que está errado. A verdade é que me sinto sozinho, e quanto mais fico nesse fluxo de autoconhecimento interno, mais isolado eu pareço estar.

Um grande problema é que penso muito, lembro muito, seja o que ouço, leio ou vejo. Nesse retalho de pensamentos acabo me vendo assim mesmo, sozinho, um fardo. Alguém que atrapalha a diversão dos outros e não é agradável de estar por perto, principalmente de quem eu amo.

O passado era mais divertido, eu entendo. Mas, às vezes, e para alguns, a vida muda e temos que nos adaptar. Querer fazer o que se quer, sem se importar com como isso afeta os outros é egoísta. É egoísta também privar alguém de fazer o que quer. Talvez aí esteja o ponto da adaptação que não consegui enxergar ainda ou como resolver, mas que até lá não vou ser eu quem vai ser mais o desagradável.

Querer viver da mesma forma de quem não tem o que você tem só aponta que falta algo. Querer fazer as mesmas coisas com pessoas que, às vezes, estão lá com motivos diferentes, como não voltar pra casa sozinha — como já ouvi — não é algo que eu faria com você. Viver aquilo sem querer ver o fim, que seria voltar para casa e para mim.

Não perceber até onde a liberdade não machuca o outro. Só ouvir as histórias depois e ter que ficar feliz ou isso se transforma em uma briga que sempre termina em "eu vou fazer, eu quero, isso me faz bem". Ter a liberdade de fazer o que quiser, enquanto alguém vai estar lá, cuidando de tudo, e achar que isso é mais importante do que o sentimento de quem ficou lá sozinho. Isso eu não entendo.

É cansativo e pouco recompensador definir como prioridade alguém que me coloca em uma fila pela sua atenção. É revelador, na verdade.

Cansei de me importar e não ser recíproco. De você não se colocar no meu lugar e suscitar que eu pense em formas de fazer com que você sinta a mesma dor que eu sinto, isso me deixa mal e não é o que eu quero fazer.

Depois de tanto pensar percebi que não é questão de confiança ou insegurança. É de se importar e ver que, em alguns momentos, isso só acontece de um lado. É de perceber que quem eu sempre contei para me incluir acaba me isolando dos momentos felizes fora da vida cotidiana.

De perceber que tem pessoas mais importantes para esses momentos. Que vale a pena só contar no dia com quem vai sair, mesmo sabendo que esse convite me deixaria mal, ou que duas cervejas em uma tarde acabam virando uma madrugada e durante esses momentos a vida é esquecida e eu sou ignorado. Vale mais a pena a sua satisfação momentânea do que o que eu vou sentir. Pior ainda é não ser incluído nesse deleite.

Entre sair sozinho ou com amigos, prefiro sair contigo, sempre busco te incluir. Cansei de te colocar como prioridade e isso não ser correspondido. De sempre colocar você, até mais do que minha família e, principalmente, do que a mim mesmo, em primeiro lugar. Na verdade, me coloco em prioridade quando te incluo, porque isso me faz bem, tua presença me faz bem. Não me divirto mais quando você não está por perto, a tua ausência não deixa as coisas melhores e, quando longe, não tenho vontade daquilo não ter fim, mas sim de um fim com você ao meu lado.

São poucos os momentos que temos sem preocupações, com alguma liberdade, pode-se dizer. Mas esses momentos são triviais, sem te fazer feliz, parece. Eu estou ali para servir, uma zona segura, mas sem graça. E assim me sinto não só em relação aos momentos de liberdade dividida, mas na falta de desejos que tento demonstrar e fazer diferente. O tempo ajuda nessa reclusão, na rotina de apenas viver, sobrevivendo a tudo sem gosto de sermos um.

Talvez por eu estar me vendo, como eu imagino que você me vê, isso gere insegurança. Que não é mais tão difícil alguém interessante aparecer e ter tua atenção.

O grande problema de falar o que me incomoda é que as mudanças deixam de ser naturais. Viram angústias e ansiedade, ficam forçadas e não são porque você realmente se importa com isso. É complicado porque parece me transformar em um controlador, alguém tóxico, o que nunca fui, alguém que te priva da liberdade e felicidade, o que nunca fiz. Até por isso fica difícil falar e as palavras não são mais naturais e as conversas ficam cheias de receios de como isso vai ser compreendido.

Talvez, com quase certeza, tenha coisas dentro de mim que acabaram me afetando, me trazendo preocupações e isso tenha ajudado tudo isso a acontecer. Não tiro minha culpa, na verdade é a mais fácil de apontar.

Eu tenho tentado ter a tua atenção.

Chamar a tua atenção.

HISTÓRIA DE NÓS DOIS

Senta aqui que eu vou contar
A história de nós dois
Começamos lá atrás
Sem ter muito pra falar

Quanto tempo faz
Desde que nós dois
Nos vimos sem saber

Já sem fio pra amolar
O momento chegou
E fez um corte pra marcar
Logo éramos dois
Juntos, sem olhar pra trás

Da alegria veio a paz
De ter onde se encontrar
Do sufoco que é amar
O sossego é maior

Uma casa e muito mais
Conseguimos conquistar
Nada é fácil e mesmo assim
Nunca fomos de desistir

Construções sem fim
Batalhas ruins
Mas sempre sem perder
A guerra que é viver

Logo veio mais, crescendo o que foi
Quando olho pra trás
Já nem sei mais quem sou

O que me tornei, não consigo ver
Já que agora sou maior
Sigo então assim, não só mais por mim
Vivendo por vocês

Histórias sem fim sempre são assim

Feitas de momentos, memória e sentimento

Mas sem final feliz

Mas então se faz, enquanto ela durar

O que precisar pra ser melhor, enfim

Já que o que foi não para de mudar

Levo no meu peito a dor de não chorar

Me agarro na dor, que me faz sentir

Que é hora de parar

NÃO SEI

Da tristeza no olhar, de quem parece carregar
A dor de quem não sabe mais o que pensar
Das dúvidas surgiu um mar de opções
Mas sem onde se apoiar, parece se afogar
Então fica ali, sozinho

Esperando que alguém consiga o resgatar
Já que sem forças não quer continuar
Sem paz, esconde seu sofrer pra não afastar
Coloca um sorriso e segue assim
Mascarando o que tem por trás

Se aconteceu um erro teu, não sei
Se tem algo a mais, por trás
Omissão do que já foi
Segredos só teus
Quanto mais tem aí?
Se tem mais aí pra machucar, não sei

Dá dúvida e indecisão, que não dá revelação
Mas sim da invenção e construção que se fez
Já que tudo só vem depois da confrontação

Das perguntas já respondidas, mas antes mentidas

O que mais falta perguntar pra então saber se tem mais

Tem que ser assim?

Se tudo é confusão, mentira ou omissão

Se for, então me deixa aqui, perdido

POUCO A POUCO

Se acha que aguenta
Todo esse amor que eu tenho
Se deixe levar e confie em mim
De pouco a pouco vou buscar
um canto só meu em seu coração
E se lá me deixar,
Pouco a pouco, criando raízes mais fortes
Pra que mais tempo se faça durar essa paixão

Mas vê se aprende uma coisa
Se, pouco a pouco, deixa de me amar
Se, de repente, me esquece
E me arranca do peito
Não me procure
Pois, pouco a pouco,
De te amar deixarei
E te esquecerei

SEGREDOS E MENTIRAS

Quanto mais ainda há por trás
De tudo que se esconde aí, em ti
Foram dois ou muito mais — não sei —
Segredos sem dividir

A dor da incerteza
Sangra meu coração
Sigo sem me ver feliz, assim
Sabendo que sempre tem algo por vir

E aqui neste mesmo lugar se fez
Um antro de compreensão e amor
Mas será que foram só dois ou mais
Motivos pra pedir perdão

Da dor e toda confusão
Das mentiras a reconstrução
Hoje já está tudo bem
Mas esquecer não é a solução

Melhor que venha de uma vez
Uma tormenta de confissões
Machucando só de uma vez
E não chutando quem já está no chão

SEM ALENTO

Olha onde fui parar
Sem saber o que pensar
Que tormento

Sem ninguém pra me contar
Só contei com o imaginar
Sem alento

E agora eu vou chorar
Mas sem lágrimas gastar
Só por dentro

Com tristeza no olhar
Com o medo a acompanhar
Deito ao relento

Deixo a chuva me molhar
Para a dor então lavar
Mas sem sossego

Junto forças pra aguentar
Esse momento

OLHOS ESCUROS

Dois olhos queimados que me olham, escuros

Me encaram por quem sou e por quem fui

Me julgam, silenciosos

Me culpam de todos os erros

Me lembram de toda dor

É na tristeza que percebo a falta de amor-próprio

É na dor que enxergo o quanto me odeio

São duras as vidas que já vivi

De toda essa tristeza que agora me cega

Esses olhos escuros não me deixam esquecer.

UM IDIOTA

Um idiota diz que vai
mesmo sabendo não ser bem-vindo
Só o faz pra provocar,
por fim acaba nem indo
Como um idiota que é.

Como fantasmas de um passado
que sem caminho continuam.
Agora são só memórias
de um idiota que era.

Um idiota em sua morte
Não busca pela própria paz
Mas pela intriga na vida dos outros

ÚNICA

Ela é única
O aroma, luz e sabor
Tudo dela, só dela
Imprevisível, carinhosa
Beleza pura e despreocupada
Que faz rir, que faz sofrer

Única
No céu de uma só estrela, ela brilha
Faz-se de sol, se faz de lua
Da minha janela eu observo
E espero pela sorte de no outro dia
ainda tê-la

VELHO EU

Olha só quem quer voltar é aquele velho eu

Que fica triste e sem chorar, vai levando e vê passar

Que leva a vida sem ganhar

É aquele velho eu

Tudo até parece ser feito pra ferir

Quando algo bom lhe vem, algo ruim o faz cair

É aquele velho eu que agora vai voltar

Segue triste em seu lugar, insiste tanto em mudar

Mas chega uma hora

Que não dá

O que pode fazer é esperar

Que o ano ruim irá passar

Quem sabe, um dia o bom irá voltar

Mas até lá, quem vai estar

Em meu lugar é o velho eu

Que fica triste e sem chorar

Vai levando e vê passar

Que leva a vida sem ganhar

É aquele velho eu

MEDO

Ele tinha medo de voltar. Tinha medo que pensassem que tinha desistido de tentar. Mas também era verdade que não queria voltar, não só por medo, mas também por simplesmente não querer.

Ele sentia que tinha alguma coisa pelo mundo que ainda tinha que, por ele, ser descoberta. Ele sentia que não era hora para voltar. Na verdade, nem sabia se algum dia voltaria definitivamente. Apesar da saudade, ele não sentia mais que aquele era seu lugar.

Voltar seria fácil, é verdade, mas é fácil também largar tudo na vida e viver com as esmolas que te jogam. Ele queria alcançar algo, mesmo que ainda não soubesse o quê. Ele sentia que havia perdido a motivação para seguir em frente, mas tampouco se sentia motivado para voltar.

Ele não queria voltar, não queria que parecesse que ele havia desperdiçado tanto tempo e desistido no meio do caminho. Porque isso não era verdade. Ele havia saído de lá por não aguentar mais. Ele queria conhecer o mundo. Achar o seu lugar, onde ele conseguiria se sentir bem. Ser feliz. Era isso que queria, nada de ficar rico e ter família. Ele até poderia ser feliz sozinho, não se importava com isso. Dinheiro? Que fosse suficiente para lhe pagar um quarto e comida, que não precisava ser muita, já que não queria engordar.

Ele queria ser feliz. É tão difícil assim?

Mas tudo parecia tão distante. Tão difícil.

INSEGURANÇAS

Aconteceu e agora fica a dor
Não tenho como tentar voltar
Mas veja bem, que é você
Quem pode me curar

Esses armários são só seus
E você nem me deixa olhar
Se por um acaso resolvo abrir
Uma das portas que tem ali
O que vou encontrar?

A insegurança só cresce assim
Já que não sei acreditar
Não quero mais ter que procurar no que acreditar
Em busca do que você deveria me contar

Da sua vida cuida você, eu sei
Mas não te peço para não viver
Só quero ali contigo estar
Saber do que foi para ti

Quero saber se dá para ser
Sem discrições no remanescer
Para assim talvez voltar a mover
E a insuspeição ter seu lugar

Faço sofrer por não saber
O que sobrou para mim
Minha dor te afasta, eu sei, meu bem
Só não me esqueça

Dos recomeços, o mais difícil é o começo

CASTELO DE CARTAS

Aqui está o castelo que construí. Não é o primeiro, já adianto, os outros já foram pro chão. E cada vez que tudo desaba, junto o que sobra pra tentar mais uma vez.

Com os mesmos erros de não saber o que quero ou aonde chegar, só amontoando cartas e cuidando para que fiquem em pé. Todos os dias acordando com o sentimento de que tudo pode, de novo, desabar. Sem saber se ainda tenho forças pra outro recomeço.

Apesar de pensar tanto sobre tudo, não penso sobre mim.

Me sinto sempre perdido, planejando o futuro dos outros, antecipando os passos alheios, mas sem saber por qual motivo me prendo a isso. Cada vez que mais alto fica o castelo, maiores são os medos e aflições. Crises de pânico brotam nas madrugadas, quando finalmente relaxo.

Até os sonhos me mantêm preso aos problemas que apenas eu pareço ver.

No fim, aquilo não passa de um amontoado de cartas, mal organizado e frágil. E eu, rei desse castelo, me equilibro no topo.

Eu que sempre tentei não cometer os erros dos outros, acabo seguindo o caminho de quem sempre me foi exemplo. Vivo no agora e dou o que tenho pra mim para quem amo, sem me preocupar com o que vai acontecer. Até posso dizer que tento ser melhor, mas me falta a vontade de persistir.

Não consigo ver que o que construí deveria bastar, talvez por achar que o que fiz até agora é muito normal. Nada de mais.

Perdido nesse castelo, sem ninguém para me guiar e dizer como fazer. Seguindo apenas, deixando aos poucos de viver.

Logo vem um vento e tudo cai.

DORES

Aos poucos me desfaço
O tempo me sopra feito poeira
Das dores até tenho medo
Que talvez sejam as últimas

Me perco em mim mesmo
Já que assim é mais fácil
Me deixo em segredo
Para que o fim chegue logo

A lentidão com que feneço
Não chama a atenção
Assim, vai ser surpresa inesperada
O fim que tanto planejo

Aos poucos me mato
Assim não percebem
Tem dias que tenho medo
Por isso me despeço

INDECISÃO

Quando ele acordou, não esperava que nada fosse acontecer. E nada aconteceu. Era assim que levava a vida, cada dia por vez, pensava que podia mudar, mas não fazia nada para isso acontecer. Era sempre do mesmo jeito, ficava agitado quando tinha uma nova ideia, corria e lia tudo que conseguia encontrar. Acumulava pilhas de papéis, mandava e-mails e cartas para todos os lados. E, de repente, desanimava. Era muito difícil, muitas coisas para fazer.

Até nessa onda de trabalho ele já se perdia, vez ou outra. Tinha estudado tanto, trabalhado com aquilo por uns bons anos e agora já pensava que talvez não fosse aquilo que realmente queria fazer. Não tinha certeza de mais nada. Ele já teve tantos sonhos, que agora ficava difícil para tornar um em realidade. Ficava pulando de ideia em ideia, esquecia uma e botava outra no lugar.

E nessa onda de ânimo-desânimo passavam-se os dias. Cansado, fazia a mesma coisa de sempre. Olhava um filme, lia um livro qualquer e tentava esquecer aquela última ideia de mudança. No começo toda mudança parecia ser tão mais fácil, mas depois que ele aprendia tudo que teria que ser feito, parecia impossível. Como é que as outras pessoas faziam? Como elas entravam numa faculdade, mudavam de país, aprendiam outra língua e, o mais incrível, conseguiam um bom trabalho?

De tanta indecisão, o tempo corria mais rápido. Foi um, dois, três anos, logo quatro e mais um tanto. Mudava pouco ou quase nada, nunca o suficiente. Sempre pelo caminho mais fácil.

Queria mudar, mas era muito difícil. Mas será que não era mais difícil viver o que ele vivia?

DECISÃO

Há algum tempo, sem nem pensar ou planejar nada direito, ele largou tudo e mudou de vida. No fim, não foi tão bom quanto ele esperava. Se arrependeu um pouco, é verdade.

Acabou dando um tempo pra pensar na vida. Foi pra outro canto, onde achava que daria pra ser feliz, de novo. Por um tempo, era disso que ele precisava, mas agora aquela vontade de seguir sua vida tinha voltado. O mundo batia na sua porta, chamando-o para ir lá — um lá nem tão longe assim, é verdade —, que talvez lá fosse seu lugar.

Seria outro erro? Seria mais uma decisão impensada que só levaria a mais arrependimento?

É óbvio que ele tinha medo. Ele nunca gostou de errar. E agora ele tinha opções, podia ter uma vida tranquila, sem tantos problemas. Não precisava começar do zero. Também não era como se o que ele tivesse agora fosse pouco ou ruim, mas mesmo assim ele tinha vontade de mudar.

Mas de tão perdido, o tempo passava e o mundo já começava a bater na próxima porta, ele nada fazia.

A decisão tinha que ser tomada antes que ele criasse raízes. Assim não era tão difícil.

SOZINHO

Sozinho estive sem você
E mesmo agora me sinto só
Você ali e eu aqui
Cada um com um dia seu
Sem mais se dividir
Agora é seu, tudo só seu
Pra mim nada restou

CANSAÇO

Eu tento tudo e mais
Mesmo que sem querer
Só pra viver em paz

A vida vem bater
Com passos de trovão
Só pra me ver cair
Não cansa de ferir

O que passou marcou
Ferida fez e foi
Até tento levantar
Mas o que vai mudar?

A dor do que já foi
De novo vem pior
Parece não mudar
E eu sigo assim

A solidão que cai em mim
Me deixa aqui pensando em ti
O que me fez, não sei
Cansei de imaginar

Ainda tem o que tentar?
Ainda vale levantar?
Já não sei mais

O que passou foi bom
O que será não sei
Eu paro sem saber
Cansei de tentar

PERDIDO

Ele olhou pra um lado, olhou pro outro. Tentou ver o que tinha mais pra frente e até por cima do ombro procurou alguma coisa que lhe ajudasse. Ninguém. Nada.

Sentou e esperou pra ver se aquela névoa passava, mas parecia que quanto mais tempo ele ali ficava, mais a névoa se adensava.

Pensou em ir em frente, mas lembrou que era só isso que tinha feito até há pouco tempo. Voltar parecia sem muito sentido. Voltar pra onde? Se de lá saiu, voltar seria praticamente uma derrota. E no fim, não era só uma questão de escolher entre direita ou esquerda. Não era como se houvesse ruas se cruzando ou algo parecido.

Ele podia ir para onde quisesse.

Nesse caminho, nenhuma bússola servia, não tinha um mapa ou alguém para indicar o caminho. Dizem que nesse caminho você tem que escolher pra onde vai seguindo seu instinto. Mas até aquele momento esse tal instinto só tinha metido ele em fria. Há quanto tempo já estava assim, perdido?

Ele estava perdido. Sozinho. Com medo do próximo passo. Não era isso que ele esperava quando começou a vagar pelo mundo. E, quando surgiam oportunidades, tinha medo também de criar raízes. Afinal, apesar da ansiedade e, às vezes, do desconforto, o desconhecido quase sempre é melhor. Por isso ele não voltava. Por isso não seguia a trilha que tinha deixado pra trás. Lá ele sabia o que esperar, mas antes ele queria ver o que tinha por trás da cortina de névoa.

Quem sabe dessa vez ele fosse para a esquerda.

Como vou saber, se vou pra sempre amar
Se o depois não vem, antes de terminar

DAS MENTIRAS

Eram mentiras de certa forma pequenas, mas que machucavam mais do que a verdade poderia machucar. Eram mentiras que ele sabia que assim o eram, mas quando fazia as perguntas novamente, esperando que dessa vez lhe fosse dada a verdade lá vinha a mesma mentira, talvez por medo ou porque com o tempo elas tornaram-se verdades para ela.

Repetia perguntas, repetiam-se as respostas. E nisso a dor de não poder confrontar, mas saber a verdade, se coloca cada vez maior. A dúvida, o medo, tudo cresce nessa hora.

Desse retalho de pequenas imposturas, ele já não conseguia ter certeza de verdade alguma. Ficava sempre com um ponto de dúvida que crescia e consumia o que talvez fosse verdade. Tudo passava a ser questionável.

Quando perguntava de amores passados, sempre recebia só parte da verdade, talvez por medo ou receio, talvez por algum outro motivo que ele não conseguia compreender. De certa forma a mentira dada era para diminuir o que havia passado. Os números de amores, quando questionados, eram reduzidos, talvez por achar que um número maior fosse causar mais dor do que mais uma pequena mentira.

Mas a dor maior se dava na dúvida que então era criada em torno do que talvez fosse verdade.

Da verdade de que nunca se teria certeza enquanto as pequenas mentiras fossem mantidas.

ROTINA

Quem sabia que assim eu ficaria
Pra esse lado distante, só, eu vim
Sem ter pra quem pedir, me ajudei

E na vontade de aprender, eu vivi
Até porque de vontade eu entendo

Com toda reza eu tentei
Mas quem disse que adiantou
A saudade abanou, me abandonou

Quando for pra ser, já fui
Noutro dia eu volto, talvez

O passado ensina, mas o presente é burro
Rotina triste essa que se busca
Do sofrer ao amar pra de volta ao sofrer

CAMINHOS

A gente não tem tanto tempo assim
Quanto achamos ter
Melhor já deixar tudo em seu lugar
Pra tudo resolver

Não tem porque guardar pra si
Deixar o outro descobrir
História com pedaços faltando
Não tem como contar

E pra chegar aonde se quer chegar
O caminho tem que conhecer
E se não sabem os dois como foi
Como que vão trilhar?

Confiança em quem te acompanha
Na dura trilha que é viver
Sem ter no que apostar, não tem jogo nenhum
E a chance vira só jogo de azar

JÁ FOI

Então é isso aí
Parece que acabou
O que passou foi bom
Mas não sei o que te fiz
Acho que fui feliz
Mas agora já não sei
Sabendo que alguém
Não sabe o que achar
De gostar de alguém
Se até de si
Tem medo de amar

Oh, meu Deus
Eu já tentei
Mas acho que cansei
Vou ter que procurar
Em busca de um amor
Maior que aquele teu
Que lembre outra canção
Eu quero uma paixão
Que me dê razão
Para ser feliz

E o simples fato
De ter alguém
Já é assim tão bom
Que eu não tenho medo
De perder você
E viver uma vida
Longe de quem
Um dia me fez saber
O que era amar

TODA ESSA GENTE

Não cansei do mundo
Mas sim de todo mundo
Toda essa gente
Me cansa a paciência

Cansei das pessoas
Cansei de tanta conversa
De todo esse barulho
Quero um mundo só pra mim

Quero ficar bem quieto
Não ter que responder
Não quero ouvir perguntas
Nem quero olhar pra alguém

Quero ficar só
Sozinho em todo lugar
Quero aproveitar
Pra ver o mundo
Que então vai ser só meu

DEVANEIOS

Quem não percebe as contradições da própria existência

Não percebe a complexidade do Todo

Não vive, apenas existe

É uma pena que a realidade sempre seja a grande inibidora de sonhos

A verdade é que, apesar das mentiras, tudo é possível

É muito mais fácil se fazer acreditar nas mentiras

Menos vazio

Eu sou aquele pingo de chuva que cai em alguém

Xingado por todos os nomes

Sou o maldito

Sou quem anuncia o que está por vir

Sou o primeiro, o fraco

Dos recomeços, o mais difícil é o começo.

Muito pode acontecer entre o agora e o nunca

A certeza absoluta é a maior ignorância.

Alívio, falso arrependimento
Mentira, verdade contradita
Loucura, felicidade incontida
Suicídio, fim negociado

A inconsciente insatisfação com sua própria insignificância
A vida é inevitável, a morte é consequência
Ah, se arrependimento matasse
Seria o jeito mais fácil de cometer suicídio

SIMPLES

Triste, eternamente triste
Eu não consigo mais mudar
Simples, pateticamente simples
Mas tão difícil de explicar

Feio, tremendamente feio
Nem conseguia se olhar
Ria, loucamente ria
Pra não ter mais que chorar

Longe, literalmente longe
Pra onde foi já não sei mais (nem vou atrás)
Rápido, loucamente rápido
Quase voando e sem parar

PECULIAR

Peculiar. Ontem, no meio de uma conversa, foi assim que fui descrito.

Peculiar: característico, especial, particular, privativo, próprio. Que é próprio; inerente de alguém ou de alguma coisa.

Quem sou eu? Sou o que me definem? Porque eu mesmo não sei quem sou. Não sei o que quero. Não sei o que faço. Não sei o que sinto. Será que todos esses questionamentos não acabam me definindo mais do que as minhas certezas?

Sou eu fruto das minhas próprias frustrações e inseguranças. Sou eu o resultado do que conquistei. Sou eu alguém ou só mais um.

Quem sou eu?

FLAGELO

Sei que agora tenho muito mais
Mas antes eu sabia o que tinha
Agora nem mesmo sei onde estou
Muito menos o que quero.

Acordo nos dias trocados
Olho pela janela e vejo a vida alheia
Que passa, mas não me chama pra viver
Logo vejo a noite que me chama.

Durmo quanto posso, já que o sono não vem
E mesmo quando vem, acordo logo então
Nem dormir eu posso
Eu mesmo me castigo

E muito me falam que lamentar não adianta
Mas o que faço então?
Me perco no sonho, mas logo acordo
Já que sonhar não me é permitido
Eu me proíbo.

ESPELHO

Quem me olhava não era eu, não fazia diferença que fosse apenas um espelho. O olhar deixava claro o desprezo sentido.

O ódio, a culpa e um julgamento sem fim tornam impossível deixar de lado a visão refletida do que eu sinto.

— Você é desprezível e não merece nada, tudo é tua culpa. Você vai perder tudo que tem, afinal nada disso deveria ser teu.

Você é um lixo.

Totalmente desnecessário, a vida de todos seria muito melhor se você não existisse. Você estraga tudo que toca. Você destrói tudo e piora a vida de todos. Você é totalmente desprezível e desnecessário. Você é um fardo. Todos vão continuar a sofrer por causa da tua existência, você só atrapalha. Logo tudo vai acabar, tudo que você conseguiu, você vai perder, porque você é um lixo e não merece nada de bom, você tem que sofrer até desistir de existir.

Eu sou meu próprio problema.

AO NICHOLAS

Aproxime-se de pessoas positivas. Talvez um pensamento a ser repetido até ser tomado por verdade.

Quando já houver a menor percepção de uma moral equilibrada e definida para conseguir absorver conhecimentos, apresentaria tal conceito.

Siga seus instintos e aprenda com os seus erros. Lamentar faz parte, mas não faça dela a cena principal.

Pessoas positivas podem te puxar de pensamentos infinitos. Elas simplificam a realidade.

Quanto mais se olha, mais defeitos se encontra, mas o positivismo consegue te puxar para focar realidades e cenários melhores, isso te ajuda, te foca, faz com que as opções disponíveis tenham como escolhida a que te leve a um bom futuro.

Elas te fazem felizes, mesmo quando você acha que não merece.

CONSELHOS

A maldade humana é infinita.

O grande problema, meus filhos, é que ao perceber isso vocês irão viver uma vida de medos. Quando isso fizer parte do seu senso comum, suas vidas serão sempre perseguidas pela sua imaginação. Conversas duraram horas em sua mente, cada momento analisado e esmiuçado, buscando detalhes importantes que te levam a um mundo de cenários infinitos.

Será que aquela pessoa quer teu mal? De que forma e quando serão sempre analisados para só então pensar nas possibilidades positivas para que alguma forma de relacionamento possa acontecer.

Seria pessimismo ou apenas um realista que encara o mundo da forma que ele é, com seres buscando mais do que sua sobrevivência, desrespeitando o mundo apenas por prazeres sem sentido. Um mundo cheio de traições. Indivíduos que abusam do seu direito ao individualismo. Que maltratam seres considerados por eles inferiores, tanto dentro da sua própria espécie quanto para outras.

A maldade é inerente. Talvez até inconsciente. Quem sabe possa ser instintiva.

Uma forma de proteção ainda irracional, porém inserida em um subconsciente coletivo. O medo irracional, tal qual o ódio, surge de forma instintiva quando surge uma ameaça. A racionalidade transgride as ações momentâneas e mantém as memórias para serem mastigadas alimentando tais sentimentos.

Por isso, meus filhos, não acreditem no que eu falo. A vida pode ser bem mais simples.

O ódio maturado, tal qual o vinho, se mantido de forma adequada, envelhece aumentando suas qualidades.

PONTES QUEIMADAS

As pessoas me cansam,
são todos tão previsíveis e vazios.
Acabo não me esforçando
para ser igual e fico distante.
Vou me isolando de maneira irreversível,
queimo pontes e formo minha ilha.
E nessa ilha,
cercada por uma água negra e sem fim,
tenho medo de buscar a terra.

Não tenho vontades,
mas um vazio dentro de mim
que vez ou outra é preenchido
por angústia.
Fico sozinho.
Apático ao que ocorre,
sem futuro.

Minha mente corrói as alegrias que
deveriam ser suficientes.

Dentro de mim um labirinto de ideias
me tira a clareza.

A lucidez se perde no fluxo de
pensamentos e preocupações

que eu mesmo crio e antecipo.

Por mais difícil que seja,

busco manter minha sanidade.

Tento enxergar minha importância
em existir.

Mas, dentro de mim, continuo sozinho.

DIFICULDADES

A prontidão com que se apronta
Sente cedo a esperança
Desperta leve, mas sem medo
Do dia que inicia

Se pudesse ser assim
Que maravilha!
Mas não serão assim todos os dias
Muito menos a maioria

Os dias bons são raros
Ao menos aos olhos dos que mais esperam
Daqueles insatisfeitos
Que criticam a si mesmos

Já eu
Sou daqueles que nem mais se olham
no espelho

LEMBRANÇAS DE UM SONHO

Ele tinha um pacote entre seus braços e pedalava sua bicicleta, que se guiava sozinha. Não precisava segurar o guidão, as rodas da bicicleta sabiam que caminho tomar. Quando chegou ao lado do prédio de dois andares, onde sempre fora o Correio, viu que havia uma placa, dizendo que, temporariamente, o Correio havia mudado de lugar, mas continuava no mesmo prédio, porém no andar 16.

O prédio, que parecia ser tão pequeno quando visto de fora, era tremendamente grande por dentro. Um saguão com um largo balcão era seguido por dois elevadores ao fundo. O pacote já não estava mais em suas mãos, o sonho mudara. Quando chegou no elevador, o ascensorista nem perguntou, levou logo o elevador ao 15º andar, e ele, sem falar nada, saiu. Não havia uma escada que levasse para o andar de cima, porém havia uma escada que levava ao andar de baixo. E a cada andar que ele descia, via que não havia uma escada que levasse ao andar de cima.

Desceu 15 andares, sem conseguir encontrar uma escada sequer que fizesse o caminho contrário. Quando chegou novamente ao térreo, viu Joana e disse:

"Queria me perder em suas pernas, Joana".

DO MAR QUE É DOR

O que tenho pra perder
Se nada disso é meu

Busco fundo no meu ser
Razão para viver
Nada encontro lá
Que não você

Me deu motivo pra chorar
Mas tão seco estou
Que nem consigo

Motivo pra amar também vem de lá
Me esforço pra aguentar
E ser maior do que antes era
Pra te dar um pouco mais de mim

Do mar que é dor
Do rio que é o amor
Fico no seu encontro

Me afogo e busco o ar
Só você me resgatar
Que eu aguento um pouco mais

Mas das pequenas traições
Se não tiver nada pra mudar
Então não quero mais estar

MARASMO

Eu fico assim, nesse marasmo. Esperando a hora certa chegar, mas a cada minuto mais longe ela fica.

Me acomodo. Paro no tempo. Acho que tudo está bom e que talvez um dia eu vá mudar. Mas as oportunidades não aparecem, não se eu não for atrás delas.

TRISTEZA

Quando a dor me faz lembrar
Que o que tenho vou perder
Como fica alguém assim?

Como sigo acreditando
Que algo ainda é possível
Quando a vida só me mostra
A tristeza da derrota?

Lembro bem que ainda um dia
Acreditava em um futuro
Agora sigo nesse mundo
Mesmo não o chamando meu

Levo mesmo nesse rumo
Discordando do que vejo
Acreditando menos em mim

DESISTI

Desisti de viver por mim. Decidi viver pelos outros, por aqueles que amo. Não vou viver para satisfazer meus desejos, nem mesmo vou alimentá-los. Só não quero decepcionar mais a quem ainda me importa.

Cansei. Já me decepcionei comigo mesmo de tal forma que não sei se algum dia será possível reverter este processo de ódio por mim mesmo que cresce com cada passo mal dado.

Prefiro me dedicar aos outros.

Não me importar mais comigo.

Se fosse só por mim, desistiria tão logo um novo dia começasse. Se ainda estou aqui, não é pela minha própria força, mas pela lembrança da dor que minha falta traria àqueles que amo.

ANGÚSTIA

Já acordou como se tivesse esquecido alguma coisa. Enquanto fazia qualquer coisa que fosse, sentia pressa em terminar para poder começar a fazer algo que ainda não sabia o que era. Fazia tudo com pressa, mas vez ou outra se perguntava: "O que é que eu tenho que fazer depois?".

Fez tudo o que normalmente fazia e mais algumas coisas que havia deixado para fazer no futuro, mas o sentimento de angústia continuava incomodando.

Passou o dia inteiro angustiado, com um sentimento de não ter acabado algo importante. Sem saber que o que mais importava era buscar felicidade em apenas ser.

REALIDADES

Não somos perfeitos.　　　　　　　A ignorância

Vivemos entre erros e acertos.　　　A incompreensão

Erro que alguns acham certo　　　　A vergonha

Mas quem te julga acha errado　　　A maldade

Pontos de vista que diferem

Porém como opostos que se atraem

Apenas para manter a luta

Já que nunca mudam

Apenas aspectos de um ser complexo
Que, às vezes, segue crenças tão simples
Que se assusta diante da realidade
E o medo cria barreiras

O desejo
O poder
O reconhecimento
O ego

E tal construção ainda cria seres piores
Que julgam as suas verdades como absolutas
E buscam impor suas próprias ideias
Aproveitando-se dos outros sem qualquer remorso

Canibais de realidades
Buscam destruir o que temem,
e não entendem.

TEMPO

Quando o seu relógio parou, decidiu que assim seria.

Sem mais compromissos marcados, que o acaso cuidasse. Sem pressa, sem tempo.

Sem atrasos, que os outros reclamassem, para ele o tempo que passava já não mais contava. Vivia o presente de uma forma que apenas ele entendia. Seguia seus instintos e sentimentos, fazia suas poucas vontades quando lhe era conveniente.

Sem horas, minutos, dias ou anos. Apenas o já. Por mais estranho que fosse, de certo modo sua vida seguiu sem grandes problemas, pelo contrário. Apesar dessa incrível peculiaridade, formou uma família que o compreendia.

Deixava o sol guiar seus momentos, mesmo sem tempo, acabava fazendo muito mais que nos dias passados. Sem relógios, calendários e por fim jornais. Sem medo do tempo, vivia feliz.

Mas o tempo um dia voltou à sua vida. Apesar de ter vivido sem relógios, o que estava dentro dele nunca parou. E tão logo se deu conta do fim, percebeu o tempo que perdeu.

RESPOSTAS

Você reclamou pra alguém
E não pra mim?
Se tinha algo errado, quem tinha que saber
Se não eu

Você se abriu pra outrem
Fora daqui?
Confiou mais lá
Do que dentro de cá?

Se tinha dúvidas, de onde seria
Que a resposta viria?
Se tinha falhas, se não eu
Quem botaria nos eixos de novo?

São mais essas as perguntas que me surgem
Já que seria o pior dos mundos
Achar que aqui não se resolve nada e nem se tenta
Mas mesmo assim decidiu buscar solução longe de mim

AVALANCHES

Tudo começa a desabar. Pouco a pouco, vou recebendo os golpes, alguns mais fortes, mas todos me empurrando cada vez mais para baixo.

Busco me agarrar à própria vida, apenas não deixando que o ar me falte.

Os sentidos ficam sobrecarregados, não consigo mais.

No meu desespero crio um abismo de onde olho para baixo e jogo minhas esperanças.

Paraliso de medo.

Busco forças para olhar pra longe, mas mal desvio o olhar e o vazio me chama.

Fico preso dentro de mim mesmo.

SONHOS

Acordava de um sonho para outro. Era tanto o sono que logo que fechava os olhos sonhava com algo novo. Imaginava-se em pé, indo ao banheiro, piscava os olhos e lá estava em cima de uma ponte de madeira com um rio nervoso passando por baixo.

Quando sentia medo, já sabia o que fazer, acordava, olhava para o teto e fechava os olhos mais uma vez, afundando em um monte de penas macias e cheirosas onde podia nadar até alcançar uma ilha com um labirinto fajuto. Acordou e afundou em um parque de diversões com fogueiras e torres gigantes, em cima de uma montanha e dentro de uma caverna, já sonhou com isso antes e, mesmo querendo ficar, tem que mudar de novo.

Tantos sonhos que se repetem, histórias estranhas que ele gostaria que não fossem só sonhos. Lugares e situações que ele lembra vagamente, tão de leve que algumas vezes não tem certeza se foi só sonho.

PORÉM

Era para que fosse tudo verdade, e tudo seria se não houvesse um porém. Só que esse porém, por menor que fosse, foi capaz de acabar com amizades e amores.

Não adiantava jurar ou prometer que não haveria novamente um porém.

Bastou seu aparecimento para que ninguém disfarçasse, todos foram incapazes de fingir que nada havia acontecido.

Ficaram dias cabisbaixos, esperando que com o tempo viesse o esquecimento. Mas infelizmente os poréns e entretantos são difíceis de serem esquecidos, ficam perambulando, de mente em mente, por muito tempo depois do ocorrido.

Os amantes continuaram sem se falar e os amigos continuaram a se odiar.

FALTA DE MIM

O que eu quero, me perguntaram. Não soube responder com a mínima clareza.

Me perco em um mundo de oportunidades e possibilidades, mas não saio de onde estou.

Falo que quero algo, mas que vem acompanhado de coisas que não quero. Não quero me sentir preso, mas me vejo caminhando a esse destino. Mesmo que seja um caminho de desilusões contínuas até se chegar a qualquer lugar, continuo considerando a opção.

Já o caminho que me encanta parece ser impossível para mim. Me falta foco e uma vontade capaz de me manter rumo a algo maior. Me falta alguém que me questione, me cobre e me acompanhe.

Por isso sinto a solidão mesmo vivendo os sonhos dos outros. Não tenho o apoio de mim mesmo, tampouco compaixão.

Mesmo cercado por amor, não tenho nenhum por mim mesmo.

Minha solidão é pela falta de mim.

Sentado sozinho, eu percebo um pouco o que me falta.

A tristeza que às vezes sinto, sem motivo até, é motivada por uma falta de perspectiva. A todo momento parece que tudo vai dar errado. Tudo me fará perder o que tenho. Sem novas chances, sem oportunidades, ou seja, sem um futuro.

Enquanto isso, me sinto perdido. Não sei que rumo seguir para evitar tal destino. Parecem ser tantas as possibilidades que me falta foco. Corro atrás, mas volto e corro em outra direção.

Perdido e sozinho, nessa tristeza, nesse futuro.

DOS AMORES PERDIDOS

Daquilo que eu tinha o que me sobra é a dor.

Dor que cresce e toma o lugar vazio dessa casca que hoje sou esvaziado de vontade, sou só um amontoado de carne que perambula como um morto-vivo.

Sem sentir nada.

Fico sozinho, perdido. Fico pensando, mas, quem diria, todo aquele ser racional que conseguia enxergar sentido em tudo agora também está perdido.

Não durmo, não como. Só sigo. Me deixo levar sem ver pra onde vou, não vejo sentido em mais nada.

Tristeza pelo que acaba. Por não ter percebido o começo do fim e, de repente, como um tiro no escuro, ser informado que acabou.

Das tristezas passadas aprendi que uma hora passam, mas das tristezas passadas nenhuma caiu tão depressa quanto essa.

A vida segue.

Segue um rumo sem meu controle. Segue pra onde quiser, nem me importo.

Segue a vida.
Ou algo parecido com isso.

ME DISSE NÃO

Você me diria
Sem eu perguntar?
Me disse não

Achou melhor não dividir
Complicou o que não era assim
Escondeu deixando sem remissão
Um erro que cresceu pra mim

Você me ama
Mais que aos outros?
Me disse não

Não tem segredos
Pra me contar
Parece sempre esconder
Guardando tudo dentro de si

Tem algo mais
Escondido aí?
Me disse não

Da semente que foi a omissão
Depois brotou a negação
Quando eu vi já estava ali
O mato tomou aquele jardim

Já teve ou tem
Alguém a mais?
Me disse não

É tanto não, sem nem piscar
Não tem não sei ou mesmo um sim
Não tem nem mesmo hesitação
No que então acreditar?

E quando insisto em dividir
Levanta a voz, arrebatando
Parece até ter algo ruim ainda ali

RECLAMEI

Reclamei muito hoje,
mas só para mim mesmo.
Não adiantou.
Não mudei ou tentei mudar.
Vamos ver amanhã.

DEMÊNCIA

Às vezes penso realmente que estou enlouquecendo. Aos poucos vou me perdendo e não reconheço as novas faces que surgem. Um ser multifacetado que se esconde de si mesmo e que pouco se entende.

Extremos que se encontram dentro de um só eu e que, de tanto questionar, se perdeu em um mar de ideais e verdades sem lados.

Alguém que quer ser, mas se esconde. Que busca tudo, mas sem ter qualquer razão para dar a si. Sem objetivos, desejos ou qualquer sentido.

Alguém cada vez mais perdido em sua própria cabeça, cada dia mais próximo de algum tipo de demência. Será que um dia chegará em que não haverá mais sentido algum?

EU TE CONHEÇO

Sim, eu te conheço, meu bem
Eu sei como você era
É só lembrar que eu estava lá

Festas sem fim
Eu tentei acompanhar
Eu estava lá

Contigo aprendi e mudei
Um pouco da loucura absorvi
E contigo estava eu

O que me mudou também te afetou
Agora não éramos só dois
O mundo parou
Mas eu estava lá

Quando tudo desabou
Dificuldades sem solução
Eu estava lá

Um ritmo lento, com mais rotina e menos surpresas
O cansaço batia, preferia dormir
Eu estava lá

Agora quer voltar a ser como antes
Mas sem me deixar participar
Você me conheceu assim, me diz
Sim, eu respondo, eu estava lá

O que antes era parceria
Agora virou divisão
Será que só sirvo pra ajudar
E não mais pra aproveitar?
Mas eu continuo aqui

SEM DIVIDIR

Quero trair a mim mesmo
me permitindo ser feliz
Sair desse mundo que eu vejo
E viver naquele que habita o teu olhar

Quero ter um pouco do que você tem
Nem que sejam migalhas dessa
tua aragem

Ter no amanhã alguma expectativa
Que não a frustração e o medo
Esquecer aquilo que te faz mal
Guardando só pra si, sem afetar

Guardar segredos, sem contrição
Mesmo que afete um coração
Deixar de lado o que já foi
Sem partilhar situações

Esquecer de tudo ali
Pra desfrutar cada momento
Dividir então dentro de mim
Como se não fosse tudo um mundo só

Pra escrever o futuro
As páginas do passado são usadas
Então não dá pra andar pra frente
Se ainda tem algo lá atrás

Mas se é assim que quer
Me ensina então, como se faz
Que assim os dois podem seguir
Cada um com o seu
Sem dividir, sem se importar

Ou se quiser tempo pra mudar ainda tem
Se entregar e dividir
Entender que um mais um pode ser três

ANSIEDADE

Quando finalmente tudo de ruim que tanto me fez sofrer parece estar acontecendo, fico tranquilo.

Já sofri por tudo isso, já mudei, buscando caminhos melhores. Já percebi que sofro antes e não durante.

Continuo buscando, mudando e tentando, mas ao menos sei que não sou louco por pensar demais e sofrer com problemas que estão longe de acontecer, afinal, uma hora eles acontecem.

MUDANÇAS

Mudanças e medo

Sempre andando juntos, dois parceiros presentes em mim. O medo de falhar ou ter feito a escolha errada. Busco sustentação em outros, mas ela não me traz confiança suficiente para não sofrer.

Medo de não ser quem eu acho que sou.

De falhar.

Medo de perder tudo que tenho.

Mas quando não se está satisfeito com o que se tem, a mudança pode ser que sirva para trazer o que me falta.

SONHOS

Achei estar ficando louco quando os sonhos que um dia tive apareceram para mim. Se fantasiando e tentando me enganar, se passando por memórias ou cenas de um filme que nunca vi. Estava acordado quando sentia como se algo me puxasse para dentro de mim e então ali estava, um sonho perdido, sem motivo para aparecer.

Não era a primeira vez que acontecia, mas isso não me deixava mais preparado. Sem controle, qualquer lugar, pessoa ou objeto eram capazes de me levar. Assim como nos sonhos, depois que passava eu já não podia me lembrar. Mas também, sem motivo algum, para lá eu ia. Sonhos com mundos e pessoas estranhas que já não me lembrava mais de ter visto, mas que apareciam de novo pra mim.

Parecia que a porta que separava os sonhos da realidade estava entreaberta e, mesmo quando não estava lá naquele mundo, eu podia ver pela fresta e começava a lembrar, vez ou outra um daqueles sonhos me puxava, fechando a porta para eu esquecer depois de terminar. Outras vezes, nem para a porta eu estava olhando, mesmo assim pra lá eu voltava sem controle de mim. Outras vezes parecia como se eu já tivesse estado lá e o sonho, na verdade, era a memória de um futuro que chegava ali.

VELHICE

Hoje eu me vi velho. Me vi sentado em uma varanda em frente à casa de madeira com a pintura branca levemente descolada das paredes. Me vi em uma varanda olhando para o horizonte limpo que se estende à minha frente, um olhar vazio e sem atenção que pouco se importa com o sol poente que se esconde à sua frente. Me vi sentado por horas, sem nem mesmo mexer um dedo. Me vi sozinho e nada ou ninguém por perto, nem mesmo um cachorro ou uma velha senhora para me fazer companhia. Sozinho. Porém, aparentemente em paz com tudo, sem preocupações ou problemas.

O tempo passa, mas para mim é como se ele estivesse congelado. Basta que eu tenha o horizonte para fixar meu olhar e todo o ar que ainda preciso respirar. Minha vida se restringe a isso e não busco mais alcançar objetivos ou batalhar para ter uma boa vida e, se eu tive ou não motivos para isso, agora não importa, assim como não importa se deixei oportunidades passarem em branco ou se deixei de sonhar em algum momento.

Quando me vejo sentado ali naquela varanda, em um fim de tarde, eu não vejo alguém que sofre ou que teme, vejo apenas um velho com olhar vazio, um ser que parece ter tido seu espírito separado de seu corpo, parece que na verdade o que vejo ali nada mais é do que a carcaça de um espírito jovem e cheio de vida que antes trouxe alegrias e tristezas para aqueles que estavam ao seu redor.

Mas quando me vejo velho, não consigo ver se fui bom com aqueles que tentaram de todas as maneiras me agradar. Não sei se fiz tudo aquilo que sonhava ou se ao menos tentei. Muito menos sei se agarrei todas as oportunidades que a vida trouxe e se fiz isso sem me preocupar com o depois. Eu apenas vejo alguém que com o passar da idade neutralizou seus sentimentos e agora os esconde atrás de um monte de pele enrugada e sem brilho. Alguém que parece estar perdendo o brilho da vida, assim como perde os cabelos, a cada segundo que passa, mas que não se importa com isso e que na realidade quer que esses segundos passem cada vez mais rápido.

O FRUTO

O fruto que cai da árvore.

Assim como eu que caio da cama, sem acordar direito.

É um fruto maduro.

Eu sou um novo fruto a cada dia.

Amadurecido.

Porém, quase podre.

DESPEDIDA

Eu não soube lidar com a minha tristeza e dor em pensar que atrapalho a todos que amo.

Sei que não vai ser fácil, que fui fraco por escolher esse caminho, mas cansei de lutar comigo mesmo.

Peço desculpas, as mais verdadeiras que um dia já pedi.

Talvez o tempo cicatrize em vocês essa dor que causei, mas por muito tempo vejo um futuro melhor para todos sem mim.

Cansei de olhar no espelho e ver alguém tão diferente de quem vocês viam.

Ainda sinto um vazio, às vezes, mas vocês sempre me completaram nessas horas, foram a força que me segurava e mantinha seguro.

Eu queria que todos aqueles que amei me amassem na mesma intensidade.

Mas cansei.

De tentar fazer com que eu me sentisse melhor comigo mesmo, e as alegrias só virem dos outros.

Cansei da solidão que eu sentia.